퇴근 후 홈카페

직장인의 소소한 취미생활 6

퇴근 후 홈카페

초판인쇄 2021년 3월 5일
초판발행 2021년 3월 5일

지은이 유승아
펴낸이 채종준
기획 · 편집 신수빈
디자인 김예리
마케팅 문선영 · 전예리

펴낸곳 한국학술정보(주)
주소 경기도 파주시 회동길 230(문발동)
전화 031 908 3181(대표)
팩스 031 908 3189
홈페이지 http://ebook.kstudy.com
E-mail 출판사업부 publish@kstudy.com
등록 제일산-115호(2000. 6. 19)

ISBN 979-11-6603-340-7 13590

직장인의 소소한 취미생활 6

퇴근 후 홈카페

유승아 지음

이담Books

나만의 홈카페를 즐겨요

"편안한 공간에서 마시는 커피 한잔이 주는 즐거움"

누군가가 저에게 홈카페가 어떤 의미냐고 물어본다면 저는 이렇게 말할 것 같아요.
제가 홈카페를 시작하고, 또 지금까지 하는 이유이기도 합니다.
물론 예쁜 카페에서 전문 바리스타가 내려주는 커피를 마시는 것도 참 좋아합니다.
그래서 카페투어도 저에게 소중한 취미 중에 하나에요.

하지만, 내가 먹고 싶은 음료와 디저트를 그때그때 만들어서 편안하게 즐길 수 있다는 것은 대체 불가능한 행복이더라고요.
왜냐하면 돌아보니 그것이 저를 돌보고 아끼는 소중한 시간이 되었기 때문입니다.
그래서 저는 저만의 '소소한 홈카페'를 운영하고 있어요.

요즘 같은 시국에는 소소하다고 생각했던 것들이 결코 소소한 것만이 아님을 절감하게 됩니다.
카페에 가서 마음 놓고 커피 한 잔을 마시기가 어려워지고, 집에 있는 시간이 점점 늘어나게 되면서,
달라진 일상에서 오는 무기력과 공허함이 홈카페를 하면서 참 많이 채워졌어요.

어려서부터 베이킹에 관심이 많았던 저는
대학생이 되고 빵집과 카페 아르바이트를 하면서 매일 생각했던 것이
"정해진 레시피 말고 내 마음대로 조합해서 만들어 보고 싶다."였습니다.
그러다가 문득 SNS에서 홈카페 영상을 보게 되었고, 이렇게 소소한 홈카페를 시작하게 되었습니다.

처음에는 그저 순간의 호기심과 재미로 시작했지만, 2년이 지난 지금은 이 취미가 저에게 큰 의미가 되었네요.
사업을 하고 있어서 그런지 몰라도, 홈카페를 통해 위로받는 부분은 "실패해도 괜찮다는 것"입니다.
결국 내가 마실 음료이기 때문에 다양한 시도가 가능합니다.
여러 시도를 하다 보면 "아! 내가 이런 맛을 좋아하고, 이런 맛은 싫어하는구나"를 깨닫게 됩니다.
그러다 보면 어느새 나만의 레시피가 완성되어 있더라고요.

제가 처음 홈카페를 시작했던 날이 생각납니다. 마음속으로 만들어 보고 싶은 메뉴가 수도 없이 떠오르는데,
어디서부터 시작해야 할지 잘 몰라서 영상을 찍기까지 한 달은 걸렸던 것 같아요.
이 책이 지금 그 고민을 하고 계시는 분들께 첫걸음을 내디딜 수 있는 디딤돌이 된다면 더없이 기쁠 것 같습니다.

목차

CHAPTER1

워밍업

CHAPTER2

기분 좋은 아침을 여는 음료

CHAPTER3

피곤한 하루 끝, 당 충전 음료

오늘도,
홈카페로 확실하게 행복하기!

CHAPTER4

출출함을 달래줄 든든한 음료

CHAPTER5

눈과 입이 즐거워지는 디저트

CHAPTER6

선물하기 좋은 구움과자

Chapter 1

# #

워밍업

Homecafe

#01

홈카페 도구와 재료 준비

홈카페를 처음 시작할 때는
만들어보고 싶은 음료를 미리 정해놓는 것이 좋아요.
음료에 따라 재료가 조금씩 다르기 때문에
마시고 싶은 음료를 떠올리고,
그에 맞는 도구와 재료를 준비해보세요.
그리고 점차 그 종류들을 늘려가 보는 건 어떨까요?
이제 홈카페에 가장 필요한 기본 도구와 재료를 소개해볼게요.

그라인더

커피 그라인더에는 전동과 수동이 있어요. 빠르게 원두를 갈아야 할 때는 전동이 편하지만, 원두를 직접 갈면서 올라오는 향을 느끼는 수동만의 매력이 있답니다.

아이스크림 스쿱

스쿱에도 크기가 다양한데, 저는 볼 지름 6.4cm(1 스쿱: 약 94g)를 사용하고 있어요.

컵

컵은 홈카페에서 가장 중요한 도구에요.
컵에 따라 음료의 분위기가 달라집니다.

각종 잔

에스프레소/시럽 등 샷을 내리거나 시럽을 준비할 때 양 조절이 가능해지고 보기에도 예뻐요.

건조과일

에이드나 티를 만들 때 장식하기 좋아요.

티백

얼그레이 등 티나 밀크티를 만들 때, 혹은 베이킹을 할 때도 유용해요.

허브

다양한 음료나 디저트에 활용할 수 있어요.
건조과일처럼 하나만 올려도 분위기가 확 살아나요.

전동 휘핑기

크림을 만들거나 재료를 섞어줄 때 사용합니다. 크기가 작아서 보관과 세척이 편리하답니다.

얼음 틀

차가운 음료의 시작은 얼음입니다. 얼음 틀은 많을수록 좋아요.

믹서기

과일주스나 셰이크를 만들 때 꼭 필요해요.

원두

캡슐머신을 사용하신다면 필요 없지만, 커피 하면 빠질 수 없는 게 원두죠. 원두는 많이 경험해볼수록 좋은 것 같아요. 저는 주로 매뉴팩트, 딥블루레이크, 히든브라운 카페 등에서 구매하고 있습니다.

탄산수

에이드를 만들 때 사용합니다. 흔히 플레인을 사용하지만, 만들 음료에 따라 비슷한 향으로 구매해도 좋습니다.

연유

연유라떼나 크림을 만들 때 사용해요. 연유도 우유처럼 브랜드에 따라 맛이 조금씩 달라요.

우유

다 같은 흰 우유처럼 보여도 브랜드에 따라 맛이 다르다는 것을 홈카페를 하면서 깨달았어요. 에스프레소 샷과 만났을 때의 그 맛이 천차만별이더라고요. 주로 라떼나 셰이크 등에 사용해요.

휘핑크림

크림라떼나 크림밀크티 등 부드러운 음료를 만들고 싶을 때 사용해요. 생크림은 유통기한이 짧아서 주로 휘핑크림을 많이 쓰고 있어요.

Homebaking

#02

홈베이킹 도구와 재료 준비

커피에 디저트가 빠질 수 없듯이,
홈카페를 하다 보면 자연스럽게 홈베이킹에도
관심이 생기게 되실 거예요.
두 가지 취미를 같이 갖고 있을 때의 장점은
겹치는 도구와 재료가 많다는 점이랍니다!
베이킹도 메뉴에 따라 재료가 정말 다양하지만,
가장 필요한 기본 도구와 재료를 소개해볼게요.

• 홈카페와 겹치는 재료 설명은 생략했습니다.

휘핑기

크림을 만들거나 거품을 낼 때 사용해요.

온도계

꼭 필요하지는 않지만, 재료를 녹이면서 정확하게 온도를 맞춰야 할 때 사용해요.

실리콘 주걱

버터를 치대거나 가루류들을 섞을 때 사용해요.

저울

베이킹할 때 가장 중요한 건 계량이에요.
고작 몇 g의 차이가 완전히 다른 결과물을 내기도 한답니다.

베이킹 틀

파운드 틀/머핀 틀 등 모양을 내기 위해 사용합니다.

볼

계량한 재료들을 모아 섞을 때 꼭 필요해요.

체망

가루류들을 체 치는 이유는 혹시 모를 이물질 제거와 가루가 덩어리지지 않게 하기 위해서입니다.

바닐라익스트랙

계란의 비린 맛을 잘 잡아줍니다.

휘핑크림

디저트에 곁들일 크림을 만들 때도 필요하지만, 반죽을 만들 때도 생크림이나 휘핑크림을 넣어주면 촉촉하고 부드러워져요.

무염 버터

빵이나 쿠키를 만들 때 가장 기본이 되는 필수 재료에요.

크림치즈

크림치즈를 사용하는 디저트 메뉴가 정말 많아요. 저는 주로 끼리나 앵커 크림치즈를 사용해요.

테플론시트

유산지나 종이호일을 이용해도 좋지만, 테플론시트가 더 분리도 잘되고 세척만 잘하면 재사용이 가능하다는 장점이 있어요.

계란

계란을 넣으면 촉촉해지고 또 구웠을 때 안정화를 시켜줍니다. 쿠키의 경우 계란 물을 위에 덧발라주면 광택이 나고 예뻐요.

박력분

글루텐 함량이 가장 적고 베이킹에서 가장 많이 쓰이는 밀가루에요. 부드럽고 바삭한 느낌을 내고 싶을 때는 박력분을, 쫀득한 느낌을 내고 싶을 때는 중력분을 사용해요.

베이킹파우더

위로 부풀게 해주는 역할을 해요. 꼭 알루미늄프리 제품을 사용해주세요! 마트에 파는 일반 베이킹파우더를 사용하면 빵의 맛이 쓰게 변해요.

설탕

설탕은 달콤한 디저트의 필수 재료이지만, 단맛만 내는 것이 아니라 구움색을 내주고 디저트의 촉촉함을 유지시켜줘서 방부제 같은 역할도 해요.

다크커버춰 초콜릿

브라우니 등 초코 디저트를 만들 때 사용해요. 초콜릿도 브랜드에 따라 맛의 차이가 나요. 저는 주로 발로나나 벨코라데를 사용합니다.

아몬드가루

꼭 필요하진 않지만, 아몬드가루 유무에 따라 맛의 풍미가 달라져요. 특히 쿠키를 구울 때 아몬드가루를 넣어주면 훨씬 고소해집니다.

다양한 파우더

코코아 파우더, 황치즈 파우더 등을 사용해요.

#03

예쁜 사진과 영상을 만드는 팁

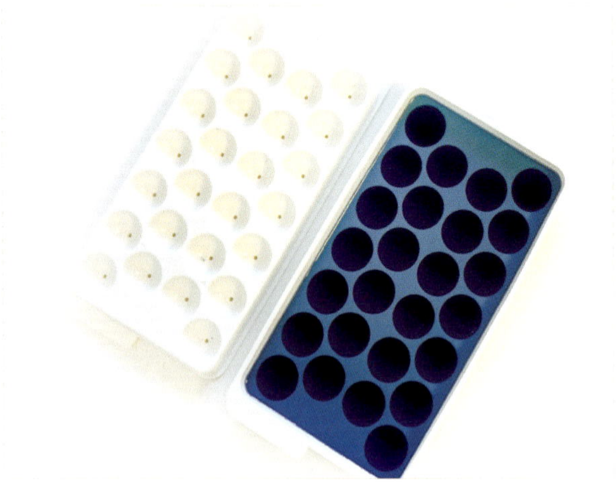

얼음

얼음에 따라 음료의 분위기가 달라져요. 특히 마블링라떼처럼 샷 등을 부었을 때 모양을 예쁘게 내고 싶으면 잔 얼음을 사용해주세요. 다양한 색과 모양으로 얼음을 얼려서 음료에 활용해보세요.

컵

똑같은 음료여도 어떤 컵에 담는지에 따라 느껴지는 게 달라요.
음료 자체가 좀 밋밋하면 드로잉이나 색감이 화려한 컵에 담아주고, 음료의 색감이 돋보여야 할 경우에는 패턴이 없고 모양이 예쁜 컵에 담아주는 게 좋아요. 또 음료와 컵의 색감을 맞춰주는 것도 예뻐요.

데코

허브/과일/식물/키친크로스/소품 등을 활용하면 음료와 디저트가 더 돋보일 수 있답니다. 다만, 너무 과하면 음료가 묻힐 수 있으니 주의해주세요.

촬영

SNS 메시지로 많은 분이 저에게 카메라와 보정 방법을 물어보세요. 사실 어떤 조명이나 카메라를 쓰는 것보다도 영상이 예쁘게 나오는 방법은 "자연광을 활용하는 것"이랍니다. 같은 장소, 같은 음료를 찍어도 햇살이 들어오는 시간에 따라 분위기가 달라져요.

TIP

사진 보정은 주로 adobe lightroom을 이용해서 밝기, 대비, 채도 정도를 조절해줘요. 사람에 따라 선호하는 부분이 다르므로 자신만의 보정 방법을 만들어보세요!

#04

집에서 커피를 마시는 여러 가지 방법

커피머신(자동, 수동)

저는 가찌아 그랜과 일리 머신을 사용해요.
가찌아 그랜은 진하고 쫀쫀한 샷을 내리기에는 무리가 있지만, 홈카페 입문용으로 좋아요. 하지만 샷을 내리기까지 예열하고, 원두를 갈아주고 탬핑해야 하기 때문에 시간이 꽤 소요됩니다.
일리 머신은 캡슐을 넣고 물만 부어주면 빠르게 샷을 내릴 수 있어서 자주 사용하고 있어요. 캡슐은 주로 클래시코와 과테말라를 사용합니다.

모카포트

홈카페를 처음 시작했을 때 구매한 것이 '비알레띠 모카포트'에요. 가격도 비교적 저렴하고 크기도 작아 보관이 편리해요. 하단부에 물을 담아준 뒤 가운데 바스켓에 커피 가루를 가득 담아 평평하게 해주고, 불 위에 올려 끓여주면 압력에 의해 위로 커피가 추출됩니다. 커피 분쇄도는 핸드드립보다는 좀 더 곱게 하는 편이 좋아요.

컴프레소

수동 에스프레소 추출 도구로 크기가 작아 보관도 편하고, 비교적 저렴한 편입니다. 에스프레소 머신보다는 사용법이 간단하여 개인적으로 가장 자주 사용하고 있어요. 분쇄한 원두를 담고 탬핑을 해준 뒤, 그 위에 물을 담고 주사기 누르듯이 위에서부터 눌러주면 에스프레소가 추출되는 방식입니다.

핸드드립

분쇄한 원두를 드리퍼에 넣고 데워진 물을 천천히(20~30초에 한 번씩) 부어주는 방식이에요. 요즘에는 자동 핸드드립 메이커도 생기는 등 다양한 구성으로 판매되고 있더라고요.

TIP

이외에도 프렌치프레스, 레버프레스, 인스턴트 등이 있어요. 저는 커피 전문가가 아니기 때문에 단순히 경험에 의해서 작성했다는 점 참고해주세요.

Purchase

#05

구매처

저는 주로 라이크어카페/브라켓테이블/오늘의집 등에서 구매하고 있어요.
조금 더 특이한 디자인의 컵이나 소품을 구매하고 싶을 때에는 SNS에 "#빈티지컵", "#빈티지소품" 등을 검색해서 구매해요.

- 라이크어카페 likeacafe.com
- 브라켓테이블 smartstore.naver.com/bracket_table
- 오늘의집 ohou.se

또 원데이 클래스를 방문하여 그릇이나 컵을 직접 만들어보는 것도 추천해 드려요.
자신만의 디자인으로 만들면 홈카페 하는 재미가 더 커지더라고요.
가장 많이 판매처 문의가 왔던 컵도 제가 직접 디자인한 것이었습니다.

Chapter 2

# #
기분 좋은 아침을 여는 음료

Hazelnut americano

#06

헤이즐넛 아메리카노

• coffee

아메리카노는 물에 에스프레소 샷을 부어
그대로 마셔도 좋지만, 헤이즐넛 시럽을 넣어주면
달달함과 고소함이 2배가 됩니다.
가장 기본이 되는 커피지만, 특별하게 즐겨볼까요?

재료

물 200mL, 얼음 적당량, 에스프레소 2샷, 헤이즐넛 시럽 15mL

1
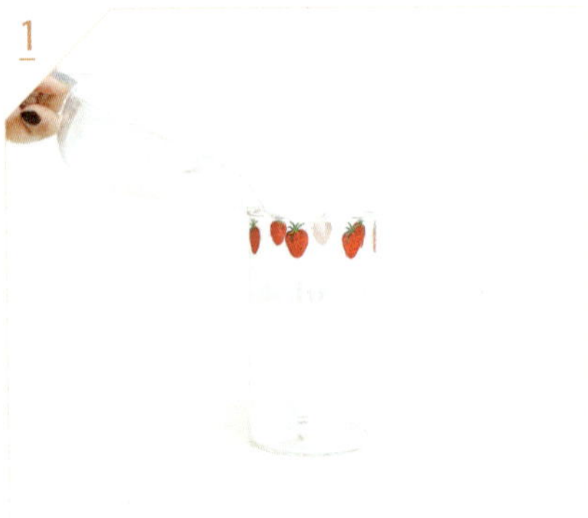

2

3

4

1 컵에 얼음을 취향껏 담아주세요.

2 물 200mL를 부어주세요.

3 에스프레소 2샷을 뽑아 부어주세요.

4 헤이즐넛 시럽 15mL를 넣어주면 완성입니다(기호에 따라 조절해주세요).

Einspänner

#07

아인슈페너

• coffee

아인슈페너는 크림이 중요한데,
크림이 너무 오버휩되면 커피와 마시기가 부담스러워서
흐르는 정도로 부드럽게 만들어주는 것이 좋아요.
크림에 넣는 설탕의 양은 기호에 따라 조절해주세요.

• 설탕 대신 연유를 넣어 만들어도 좋아요!

재료

물 150mL, 얼음 적당량, 에스프레소 2샷,
묽게 휘핑한 크림(크림 50g + 설탕 또는 연유 5g)

1

2

3

4

1 컵에 얼음을 취향껏 담아주세요.

2 물 150mL를 부어주세요.

3 에스프레소 2샷을 뽑아 부어줍니다.

4 휘핑해준 크림을 위에 부어줍니다.
(크림 50g + 설탕 5g)

TIP

섞지 않고 크림과 커피를 같이 마셔주세요!

Coldbrew

#08

콜드브루

• coffee

콜드브루는 원두만 있다면
집에서 만들어 보는 것을 추천해 드립니다.
원두의 굵기는 핸드드립보다 조금 더 굵게 갈아주세요.
원두와 물의 양의 비율은 1:5 정도가 좋아요.

재료

콜드브루 원두, 물, 다시백
마블링 라떼 작고 각진 얼음, 콜드브루 120mL, 우유 65mL

1

2

3

4

1 원두를 다시백에 넣어줍니다.

2 원두 양의 4~5배 정도의 물을 넣어주세요.

3 랩을 씌워 냉장고에 넣고 24시간 냉침해줍니다.

4 다시백을 빼주면 완성입니다.

✳ 콜드브루와 우유로 마블링 라떼 만들기

콜드브루는 물에 넣어 희석해서 먹으면 콜드브루 아메리카노가 되고 우유에 넣으면 콜드브루 라떼가 됩니다. 특히 마블링 라떼는 얼음이 중요합니다. 작고 각진 얼음을 사용해야 마블링이 잘 나타납니다.

1

2

3

1 작고 각진 얼음을 컵에 가득 담아줍니다.

2 콜드브루 120mL를 넣어주세요.

3 우유 65mL를 '천천히' 넣어주면 완성입니다.

TIP

우유를 빠르게 넣어주면 마블링이 나타나지 않고, 금세 섞여버리니 주의해주세요.

Cream latte

#09

크림라떼

· coffee

크림라떼는 아인슈페너와 비슷하게
크림 농도를 부드럽게 만들어주는 것이 포인트입니다.
크림에 넣는 설탕의 양은 기호에 따라 조절해주세요.

· 설탕 대신 연유를 넣어 만들어도 좋아요!

재료

우유 100mL, 얼음 적당량, 에스프레소 2샷, 소량의 코코아파우더,
휘핑한 크림(크림 80mL + 설탕 또는 연유 8~9g)

1 컵에 얼음을 취향껏 넣어주세요.

2 우유 100mL를 부어주세요.

3 에스프레소 2샷을 부어주세요.

4 휘핑한 크림을 위에 부어주세요.
(크림 80mL + 설탕 8~9g)

5 크림 위에 코코아파우더를 뿌려주면 완성입니다(생략 가능).

6 크림을 스푼으로 떠먹으면서 마셔줍니다.

Come to the sweet and
delicious world.
This is heaven.
It's full of delicious
and sweet desserts.

Cube latte

#10

큐브라떼

• coffee

큐브라떼는 평소에 음료를 오래 마시면 얼음이 녹아 맛이
연해지는 것을 싫어하시는 분들께 추천해 드리는 커피입니다.
시간이 지날수록 오히려 커피가 진해져서
천천히 큐브를 녹여가며 마시는 것이 좋습니다.
큐브는 커피만 얼려서 만들어도 좋지만,
나중에 커피가 너무 진해질 수도 있기 때문에
커피와 우유를 함께 얼리는 것을 추천해 드립니다.

• 보기에도 더 예뻐요!

재료

큐브 틀(또는 다른 모양 '실리콘' 얼음 틀), 에스프레소 2샷, 우유 적당량

1

2

3

4

1 큐브 틀에 우유를 반 정도 부어 얼려줍니다.

2 에스프레소 2샷을 뽑아 '충분히 식혀준 후' 얼려놓은 우유 큐브 위에 부어줍니다.

3 컵에 큐브를 넣고 부어 마실 우유를 준비해줍니다.

TIP

너무 차가운 우유는 큐브가 잘 안 녹을 수 있으므로 미리 실온에 꺼내놓는 것이 좋아요.

4 우유를 천천히 부어 마시면서 취향에 따라 조절해 주세요.

TIP

바닐라 시럽이나 연유를 넣어 마셔도 좋아요.

Vanilla cappuccino

#11

바닐라카푸치노

• coffee

바닐라카푸치노는 제가 홈카페를 하면서
마음대로 한번 만들어 먹어보고 반한 음료랍니다.
부드럽지만 또 너무 달지 않은
바닐라라떼가 마시고 싶을 때 추천해 드립니다.

• 밀크폼은 휘핑기를 우유 표면에 두고 작동해주면 만들기 쉽습니다.
시럽의 양은 취향껏 조절해주세요.

재료

따뜻한 우유 75mL, 바닐라 시럽 25mL, 우유 120mL, 에스프레소 2샷

1

2

1 따뜻한 우유 75mL에 바닐라 시럽 25mL를 부어주세요.

TIP

우유가 따뜻해야 밀크폼이 만들어집니다. 전자레인지에 넣고 20~30초 정도 돌려주세요.

2 휘핑기로 밀크폼을 만들어주세요.

3

4

5

3 컵에 얼음을 취향껏 넣어준 다음, 우유 120mL를 넣어주세요.

4 그 위에 2샷을 부어주세요.

5 만들어놓은 밀크폼을 부어주면 완성입니다.

Ice cream latte

#12

아이스크림라떼

• coffee

아이스크림라떼는 아포가토와 비슷하지만,
우유와 함께 녹여 마신다는 점에서 다른 음료입니다.
아이스크림에 따라 다양한 맛을 낼 수 있기 때문에 매력적입니다.
특히 무더운 여름날, 한잔 만들어 마시면 시원하고 좋아요.

재료

우유 130mL, 얼음 적당량, 에스프레소 2샷, 아이스크림 한 스쿱, 코코아파우더 소량

TIP 아이스크림이 올라가기 때문에 얼음을 안 넣어도 무방해요.

1 컵에 취향껏 얼음을 넣어주세요.

2 우유 130mL를 부어주세요.

3 아이스크림 한 스쿱을 올려주세요.

4 그 위에 에스프레소 2샷을 뽑아 넣어주세요.

5 아이스크림 위에 코코아파우더를 뿌려주면 완성입니다(생략 가능).

6 아이스크림을 우유에 녹여가며 마셔주세요.

Tangerine lemon tea

#13

귤레몬차

• non-coffee

과일 차는 과일 청을 사서 만드는 것도 좋지만,
내가 좋아하는 여러 과일을 섞어서
직접 청으로 담가 만들어 먹으면 훨씬 맛있어요.
특히 당도가 조금 덜해서 그냥 먹기에는 맛없는 과일들을
청으로 담가보는 것을 추천해 드려요.
저는 겨울에 먹기 좋은 귤과 레몬을 섞어서 청을 만들어봤어요.

재료

귤, 레몬, 베이킹소다, 소독한 병, 설탕, 뜨거운 물, 데코용 허브

1

2

3

4

1 물에 베이킹소다를 풀고 과일을 넣어 소독해줍니다.

TIP

소독 후 베이킹소다로 껍질을 한 번 더 닦아주세요.

2 과일에 씨가 있을 경우 모두 제거해주고 음료로 마시기 좋게 썰어줍니다.

3 끓는 물에 소독한 병에 과일과 설탕의 비율이 1:1이 되도록 담아줍니다.

4 설탕이 모두 녹을 때까지 숙성해주세요(최소 일주일 정도).

5

6

7

8

5 과일 청의 색감과 잘 어울리는 잔을 준비해주세요.

6 숙성된 과일 청을 잔에 적당량 담아주세요.

7 뜨거운 물을 부어 우려줍니다.

8 마지막으로 위에 허브를 올려주면 완성입니다.

Grapefruit black tea

#14

자몽블랙티

• non-coffee

커피전문점 스타벅스에서 판매하여 유명해진 자몽블랙티는 자몽 청과 티백, 꿀만 있다면 집에서도 간단하게 만들어 먹을 수 있답니다. 저는 얼그레이 티백을 사용했지만, 잉글리시브랙퍼스트 티백도 좋아요. 차갑게 마실 때는 뜨거운 물 양을 70mL로 줄이고 얼음을 가득 넣어주면 됩니다.

재료

얼그레이 티백, 꿀 10mL, 뜨거운 물 100mL, 자몽 청 27mL, 데코용 건조과일 또는 허브

1

2

3

3

1 티팟에 얼그레이 티백과 꿀 10mL를 넣어주세요.

2 잔에 자몽 청 27mL를 넣어주세요.

3 그 위에 우려놓은 블랙티를 부어주세요.

4 건조과일이나 허브를 올려주면 완성입니다.

TIP

꿀 대신 설탕 시럽을 넣어도 좋아요!
뜨거운 물 100mL를 넣고 충분히 우려주세요.

Tomato Juice

#15

토마토주스

• non-coffee

집에서 남은 과일들을 처리하기 가장 좋은 방법은
주스로 만들어 먹기라고 생각해요.
아침에 일어나서 과일 주스를 한 잔 마셔주면
건강하게 하루를 시작하는 기분이 들거든요.

• 꿀은 기호에 따라 조절해주세요. 일반 토마토로 만드는 것도 좋아요.

재료

토마토 187g, 꿀 5g, 얼음 적당량, 물 소량

1

2

3

4

1 믹서 볼에 방울토마토 187g과 꿀 5g, 얼음 적당량을 넣어주세요.

TIP

냉동 토마토라면 얼음은 생략해주세요.

2 물은 갈릴 정도로만 아주 조금 넣어주세요.

3 믹서로 내용물을 잘 갈아주세요.

4 예쁜 컵에 담으면 완성입니다.

KIRIN
LEMON

Butterfly pea ade

#16

버터플라이피에이드

• non-coffee

버터플라이피 티는 나비의 날개와 닮았다 해서
그 이름이 붙여졌다고 합니다.
원래 색도 푸른빛이 나서 예쁘지만, 산성과 만나면
신비로운 보랏빛으로 변해서 정말 매력적으로 보인답니다.
그냥 마시면 좀 떫은맛이 나기 때문에
탄산수 대신에 사이다를 넣어줍니다.

재료

버터플라이피 티, 뜨거운 물, 얼음 틀, 레몬 반 개, 사이다, 데코용 허브

1

1 버터플라이피를 따뜻한 물에 우린 후 충분히 식혀줍니다.

2

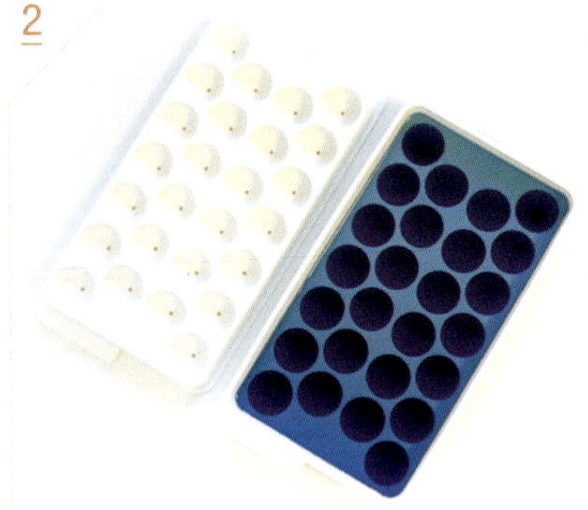

2 다 식었으면 준비한 얼음 틀에 부어준 뒤 얼려줍니다.

3

3 레몬 반 개를 준비하여 즙을 내주세요.

4

4 컵에 버터플라이피 얼음을 담아주세요.

5

5 사이다를 90% 정도 부어주세요.

TIP 남은 레몬은 데코로 활용해도 좋아요.

6

6 그 위에 레몬즙을 천천히 부어주면 음료가 보랏빛으로 변합니다. 마지막으로 허브를 올려주면 완성입니다.

LEMONADE ♡

Strawberry banana shake

#17

딸기바나나셰이크

• non-coffee

딸기와 바나나는 각각 따로 셰이크를 해서 먹어도 맛있지만,
같이 갈아 먹으면 더 상큼하고 맛있답니다.
바나나가 들어가서 아침 대용으로 마셔도 든든하고 좋습니다.

재료

바나나 한 개(88g), 딸기 111g, 우유 110g

1

2

3

1 바나나 한 개(88g)와 딸기 111g을 준비해주세요.

2 믹서 볼에 준비한 과일과 우유 110g을 넣고 갈아주세요.

3 컵에 딸기를 올려 데코를 해준 뒤 부어주면 완성입니다.

TIP

기호에 따라 양을 조절해주세요.

LA LA LAND
New

Chapter 3

#

피곤한 하루 끝, 당 충전 음료

Affogato

#18

아포가토

• coffee

음료보다는 디저트 느낌이 강한 아포가토는
쉽고 빠르게 당 충전하기에 가장 좋아요!
주로 바닐라 아이스크림을 사용하지만,
초코나 녹차 아이스크림에
샷을 부어 먹어도 정말 맛있습니다.

재료

바닐라 아이스크림 2 스쿱, 아몬드 슬라이스, 에스프레소 2샷

1

2

3

4

1 바닐라 아이스크림 2 스쿱을 컵에 담아줍니다.

2 위에 아몬드를 올려 데코해주세요.

TIP

초코 소스나 시리얼을 올려도 좋아요.

3 2샷을 뽑은 샷잔을 준비하면 완성입니다.

4 샷을 조금씩 부어주며 아이스크림을 녹여 맛있게 먹어주세요.

Vanilla latte

#19

바닐라라떼

• coffee

카페 아르바이트를 할 때 아메리카노, 라떼 다음으로
인기가 많았던 음료가 바닐라라떼였어요!
그만큼 호불호가 없는 음료라는 뜻이겠죠?
바닐라라떼를 만들기 위해서는 바닐라 시럽이 필요합니다.
시중에 파는 시럽을 구매하는 것도 좋지만,
직접 만들어 마시는 방법도 있어요.

재료

바닐라 시럽 바닐라빈 2줄기, 물, 설탕, 소독한 병

바닐라라떼 우유 180mL, 얼음 적당량, 에스프레소 2샷, 바닐라 시럽 25mL

✳ 바닐라 시럽 만들기

바닐라 시럽은 유통기한이 짧아서 한 번에 많은 양을 만들기보다는 1~2주일 정도 마실 수 있는 양을 만드는 것을 추천합니다.

1

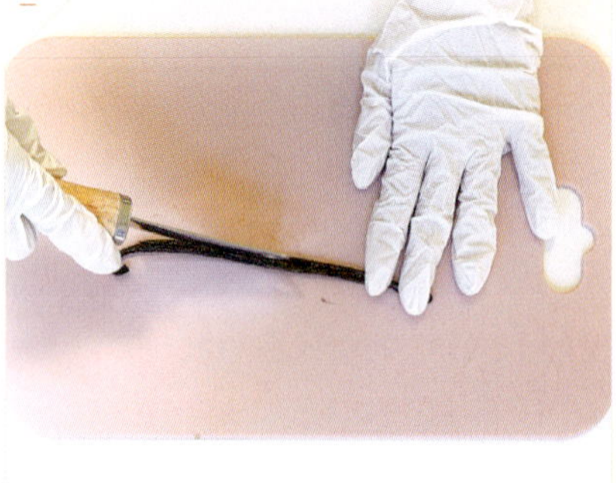

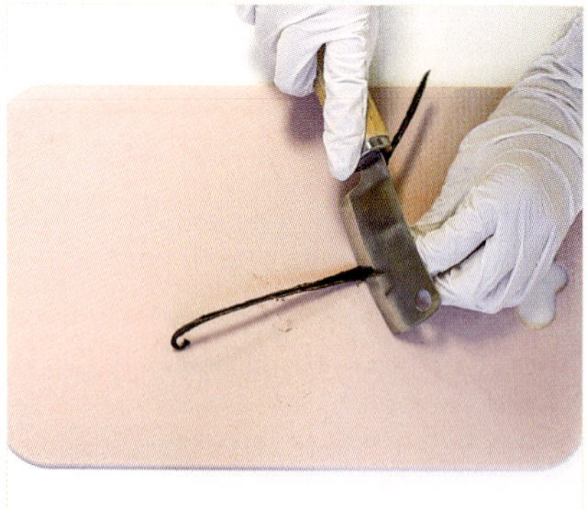

2

3

4

1 바닐라빈 2줄기를 손질해주세요. 칼로 줄기를 한번 눌러주고 반으로 가른 후 안에 내용물을 밀어서 빼주세요.

2 밀크 팬에 물과 설탕을 1:1 비율로 넣어주고 줄기와 내용물을 넣어 끓여주세요.

3 줄기가 숨이 죽을 때까지 끓여줍니다.

4 다 끓었으면 식혀준 다음, 소독한 병에 담아주면 완성입니다.

TIP 확실하게 단 시럽을 원하시면 시럽을 다 만들고 꿀을 추가해주세요.

✳ 바닐라라떼 만들기

1

2

3

1 컵에 얼음을 취향껏 담아준 다음, 우유 180mL를 넣어주세요.

2 2샷을 내린 후 부어주세요.

3 바닐라 시럽을 25mL 넣어주면 완성입니다. 기호에 따라 조절해주세요.

TIP

바닐라빈 줄기를 넣어주면 더 깊은 바닐라 향이 납니다.

Condensed milk latte

#20

연유라떼

• coffee

연유라떼는 바닐라라떼 다음으로
제가 가장 즐겨 마시는 커피입니다.
바닐라라떼보다는 좀 더 묵직한 단맛을 느낄 수
있어서 우울할 때 마셔주면 금세 행복해져요!

재료

우유 170mL, 적당량의 얼음, 에스프레소 2샷, 연유 20g

1

2

1 컵에 얼음을 취향껏 담아주세요.

2 연유 20g과 우유 170mL를 넣어줍니다.

TIP

연유를 냉장 상태로 보관했을 경우에는 샷을 내린 직후에 섞어 녹여준 후 우유에 부어주세요. 기호에 따라 조절해주세요.

3 2샷을 내려 부어준 다음 잘 섞어주면 완성입니다.

3

Mix coffee latte

#21

믹스라떼

• coffee

믹스커피는 그냥 물에 녹여 따뜻하게 마셔도 맛있지만, 부드럽게 만들어 우유에 부어주면 더 맛있게 마실 수 있습니다.
특히 더운 여름날에 한잔 마셔주면 당 충전하기 아주 좋아요!

재료

믹스커피 2봉지, 뜨거운 물 3스푼, 우유 130mL, 얼음 적당량

TIP 휘핑기를 표면에 대고 돌려줘야 거품이 빠르게 올라옵니다.

1

1 믹스커피 2봉을 부어줍니다.

2

2 뜨거운 물을 3스푼 부어주고 휘핑기로 거품을 만들어줍니다.

3

3 밀크 폼처럼 거품이 풍성하게 올라올 때까지 휘핑해주세요.

4

4 컵에 취향껏 얼음을 넣고 우유 130mL를 부어줍니다.

5

5 그 위에 믹스커피를 부어주면 완성입니다.

6

6 우유와 믹스커피 폼이 잘 섞이도록 저어가면서 마셔주세요.

spring

Dalgona coffee

#22

달고나커피

• coffee

한때 SNS에서 정말 뜨겁게
인기가 많았던 달고나커피입니다.
손으로 저어서 만드는 것이 유행이었지만,
전동 휘핑기를 활용하면 훨씬 더 쉽게 만들 수 있어요.

재료

인스턴트 원두커피 2봉지, 뜨거운 물, 설탕, 우유 150mL

1

2

1 인스턴트 원두커피와 설탕, 뜨거운 물을 1:1:1 비율로 준비합니다(사진은 인스턴트 커피 2포).

TIP 부피가 큰 잔보다는 작은 잔을 추천해 드려요.

2 전동 휘핑기를 넣어 돌려줍니다.

TIP 한쪽 방향으로 빠르게 저어가며 휘핑기를 돌려주면 더 빠르게 완성할 수 있어요.

3

4

5

3 잔에 커피로 만든 달고나의 4~5배 정도 되는 양의 우유(150mL)를 부어주세요.

4 휘핑한 달고나를 올려주세요.

5 우유와 달고나가 잘 섞이도록 저어주면 완성입니다.

TOY STORY 4
GET ME OUTTA HERE!

Dalgona latte

#23

달고나라떼

• coffee

달고나커피는 커피를 달고나처럼 만든 음료였다면,
달고나라떼는 말 그대로 달고나를 올려서 함께 마시는 음료입니다.
달고나를 서서히 녹여가며 먹는 재미가 있어요!
달고나를 사서 만들어 먹어도 좋지만, 직접 만드는 것도
생각보다 어렵지 않아요. 함께 만들어볼까요?

재료

물 30g, 설탕 145g, 베이킹소다 1스푼, 테플론시트, 우유 180mL, 에스프레소 2샷

✳ 달고나 만들기

1 팬에 물 30g과 설탕 145g을 넣고 절대 젓지 말고 끓여주세요.

2 보글보글 끓이면서 색이 갈색으로 바뀌면 바로 불을 꺼주세요.

3 티스푼으로 베이킹소다를 1스푼 넣고 저어준 후 걸쭉해지면 테플론시트 위에 부어주세요.

4 달고나가 잘 식으면 음료에 올리기 좋게 부셔주세요.

✳ 달고나라떼 만들기

1 컵에 얼음을 취향껏 담고 우유 180mL를 넣어 줍니다.

2 달고나 25~30g을 올려줍니다. 양은 기호에 따라 조절해주세요.

3 달고나가 녹아내릴 수 있도록 달고나 위에 2샷을 부어주면 완성입니다.

Grapefruit bianco

#24

자몽비앙코

• coffee

자몽비앙코는 부드러운 라떼에 달달한 자몽 과육이 씹히는 톡톡 튀는 음료입니다. 호불호가 갈리지만 자몽과 달달한 커피를 좋아하신다면 도전해보는 건 어떨까요?

재료

자몽 청, 우유 150mL, 에스프레소 1샷

1

2

3

1 컵에 자몽 청을 두 스푼 넣어줍니다.
기호에 따라 조절해주세요.

2 찬 우유 150mL를 넣어줍니다.

3 1샷을 뽑아서 넣어주면 완성입니다.

TIP

밀크 폼이나 생크림을 올려 마셔도 좋아요.
잘 저어 마셔야 과육과 커피의 조화를 느낄 수 있어요.

Tangerine tea

#25

청귤차

• non-coffee

앞에 귤레몬차 파트에서 나만의 과일 청을 만들어 티를 마시는 방법을 소개했었습니다. 여기서 하나 더! 과일 청과 비슷하거나 잘 어울리는 티백을 함께 우려서 섞어 마셔주면 좀 더 풍부한 향과 맛을 느낄 수 있어요. 저는 청귤 청과 영귤 티백을 블렌딩해봤는데, 귤의 향이 차를 마시기 시작할 때부터 끝까지 남아있어서 정말 좋았어요. 여러분도 자신만의 특별한 조합을 만들어보세요!

재료

영귤 티백, 청귤 청, 뜨거운 물, 데코용 건조과일

1

2

3

4

1 영귤 티백에 뜨거운 물을 부어 충분히 우려 주세요.

2 잔에 청귤 청을 적당량 넣고 뜨거운 물을 부어 우려주세요.

3 그 위에 티를 부어줍니다.

4 건조과일을 올려주면 완성입니다.

Grapefruitade

#26

자몽에이드

• non-coffee

자몽에이드 특유의 달콤쌉싸름한 맛을
즐기시는 분들이 참 많아요.
집에 과일 청과 탄산수만 있다면
아주 간단하게 에이드를 만들 수 있습니다.
후식으로 마셔도 좋지만 느끼한 음식을 먹을 때
같이 마셔주면 톡톡 쏘는 맛이 정말 상큼해요.

• 자몽 청과 탄산수의 비율은 1:6이 적당해요.

재료

자몽 청, 얼음 적당량, 탄산수 또는 사이다, 데코용 건조과일 또는 허브

1 잔에 자몽 청을 적당량 넣어주세요.

2 얼음을 취향껏 담아주세요.

3 음료가 더 돋보이도록 건조과일이나 허브로 데코해주세요.

4 탄산수를 자몽 청의 6배만큼 넣으면 완성입니다.

TIP

자몽 청이 쓴 편이라면 사이다를 넣어 주셔도 좋아요.

Bohemian Rhapsody

Black sugar latte

#27

흑당라떼

• non-coffee

달고나커피만큼 한때
인기가 정말 많았던 음료입니다.
흑당라떼는 진하지만
과하게 달지는 않은 맛이 포인트인 것 같아요.
흑당시럽은 집에 흑설탕만 있다면 만드실 수 있어요!

재료

물, 흑설탕, 얼음 적당량, 우유

✳ 흑당시럽 만들기

물과 흑설탕의 비율을 1:1로 맞춘 후 중불로 5~6분 끓여 주시면 됩니다.

TIP

- 주의사항은 절대 젓지 않는 것이에요. 나중에 굳어버릴 수 있으므로 중간중간 농도만 체크해서 조절해주세요.
- 흑당시럽은 유통기한이 짧은 편이기 때문에 소량으로 만들어주세요.
- 취향에 따라 버블을 넣거나 콜드브루를 부어주어도 맛있어요.

✳ 흑당라떼 만들기

TIP 시럽의 양은 기호에 따라 조절해주세요.

1 잔에 얼음을 취향껏 담아주세요.

2 우유를 적당량 부어주세요.

3 흑당시럽을 유리컵 벽면에 따라 천천히 부어주면 완성입니다.

Green Tea shake

#28

녹차셰이크

• non-coffee

녹차나 말차 관련 음료를 만들 때,
파우더를 사야 하나 말아야 하나 고민을 많이 합니다.
저와 같은 고민을 하고 계신 분들께 이 레시피를 추천해 드려요!
녹차 아이스크림만 있다면 간단하게 만들 수 있습니다.
저는 하겐다즈를 사용했지만,
녹차 맛 아이스크림이라면 어떤 것도 상관없답니다.

재료

녹차 아이스크림 200g, 우유 90g, 얼음 조금, 데코용 허브

1

2

3

1 믹서 볼에 녹차 아이스크림 200g과 우유 90g, 얼음 조금을 넣어주세요.

2 믹서기에 넣고 얼음이 충분히 갈릴 때까지 돌려주세요.

3 잔에 담아주면 허브를 데코해주면 완성입니다.

TIP 녹차 아이스크림이 좀 쓴 편이라면 연유를 적당량 추가해주세요.

Häagen-Dazs

Oreo latte

#29

오레오라떼

• non-coffee

카페에서도 많이 판매하고 있을 만큼
누구나 좋아하는 달달한 초코쿠키맛 음료입니다.
위에 휘핑크림까지 올려주면
하루의 피로가 싹 달아날 만큼 맛있답니다!

재료

오레오 한 봉지, 바닐라 아이스크림 한 스쿱, 우유 150mL,
단단한 크림(크림 50g + 설탕 5g)

1

2

3

4

1 믹서 볼에 오레오 한 봉지와 바닐라 아이스크림 한 스쿱, 우유 150mL를 넣어줍니다.

TIP

얼음을 넣어주면 셰이크가 됩니다.

2 오레오가 모두 갈릴 때까지 돌려주세요.

3 컵에 음료를 천천히 잘 담아주세요.

4 위에 휘핑크림(크림 50g + 설탕 5g)을 올려주고, 오레오 등으로 데코해주면 완성입니다.

TIP

아인슈페너와 다르게 묽은 제형의 크림보다는 좀 더 묵직한 게 잘 어울려요.

아침햇살

Chapter 4

#

출출함을 달래줄 든든한 음료

Cream milk tea

#30

크림밀크티

밀크티는 얼그레이, 잉글리시 브랙퍼스트,
루이보스 등으로 다양하게 만들 수 있습니다.
저는 그중에서도 가장 호불호가 없는
얼그레이를 이용해서
밀크티를 냉침하는 방법을 소개해볼게요.

재료

얼그레이 티백, 뜨거운 물, 꿀 8~9g, 우유 175mL, 얼음 적당량,
크림(크림 50g + 설탕 5g), 데코용 시나몬 가루

1

2

3

4

5

1 보틀에 티백 두 개를 잘라 안에 내용물을 넣어주세요.

2 뜨거운 물을 내용물이 잠길 정도로만 부어서 우려줍니다.

3 꿀 8~9g을 넣어줍니다. 기호에 따라 조절해주세요.

4 우유 175mL를 넣어주세요.

5 밀봉하여 냉장고에서 24시간 동안 냉침합니다.

6

7

8

9

6 빈 컵에 적당량의 얼음을 넣어주세요.

7 냉침한 밀크티를 체에 거르면서 부어주세요.

8 위에 휘핑크림을 취향껏 올려줍니다.
(크림 50g + 설탕 5g)

9 위에 시나몬가루 등으로 데코해주면 완성입니다.

Strawberry milk

#31

생딸기우유

생딸기우유는 딸기 청을 만들어 사용하는 것이 일반적이지만, 청을 만들면 최소 일주일 후에야 마실 수 있다는 단점이 있습니다.
하지만 이 레시피를 따라 한다면, 조금 더 빠르고 간편하게 맛있는 딸기우유를 만들 수 있어요.

재료

딸기 89g, 설탕 25g, 연유 10g, 우유 280mL, 데코용 허브

1

2

3

1 컵에 딸기 62g과 설탕 25g, 연유 10g을 넣어주세요. 기호에 따라 양을 조절해주세요.

2 포크나 매셔로 설탕이 녹을 때까지 잘 으깨줍니다.

3 식감을 위해서 깍뚝 썬 딸기 27g을 넣어주세요.

4

5

4 우유 280mL를 넣어주세요.

5 부드럽게 하기 위해서 밀크 폼을 듬뿍 올려줍니다. 마지막으로 허브 등으로 데코해주면 완성입니다.

TIP

밀크 폼 만드는 법은 [#11 바닐라카푸치노] 참고

Milk shake

#32

밀크셰이크

부드럽고 시원해서
개인적으로 정말 자주 만들어 먹는 음료입니다.
특히 감자 칩이나 감자튀김처럼
짭짤한 맛의 간식과 함께 곁들이면 단짠단짠 별미랍니다!
한 가지 팁을 드리자면, 꼭 샷 추가를 해보세요.
그럼 커피 프라푸치노 느낌이 나는데 그것보다 더 맛있어요.

재료

바닐라 아이스크림 160g, 우유 120g, 얼음 적당량, 에스프레소 1샷

1

2

3

4

1 믹서 볼에 바닐라 아이스크림 160g과 우유 120g, 적당량의 얼음(4~5개)을 넣어줍니다.

TIP

얼음을 많이 넣을수록 셰이크보다 프라푸치노 느낌이 많이 납니다. 기호에 따라 양을 조절해주세요.

2 얼음이 다 갈릴 때까지 돌려줍니다.

3 컵에 밀크셰이크를 담아주면 완성입니다.

4 앞에서 말한 팁처럼 에스프레소 1샷을 넣어주면 더 맛있게 즐길 수 있어요.

LA LA LAND

Jollypong shake

#33

조리퐁셰이크

조리퐁셰이크는 특히 아이들이 정말 좋아하는 음료로,
달달한 간식거리로도 딱이지요.
조리퐁 과자와 바닐라 아이스크림만 있다면
간단하게 만들 수 있어요.
음료 위에 조리퐁을 듬뿍 올려줘야 더 맛있답니다.

재료

우유 150mL, 아이스크림 1스쿱, 조리퐁 한 봉지, 얼음 적당량

1

2

3

4

1 믹서 볼에 우유 150mL를 부어주세요.

2 아이스크림 1스쿱 반과 조리퐁 18g, 얼음 적당량(4~5개)을 넣어주세요.

3 모든 재료가 잘 혼합되도록 갈아줍니다.

4 컵에 담아주고 그 위에 조리퐁을 듬뿍 올려주면 완성입니다.

Sweet potato latte

#34

고구마라떼

집에 남는 고구마와 우유가 있다면
쉽게 만들 수 있는 음료입니다.
다이어트할 때 밥 대신 먹어도 든든하고 좋아요.
고구마를 삶는 게 어려울 때는 전자레인지를 활용해보세요.
컵에 고구마를 담고 물을 아주 조금(티스푼으로 2스푼)
담은 후 전자레인지에 1분씩 2~3번(크기에 따라 다름)
돌려주면 쉽게 삶아집니다.

재료

우유 200mL, 고구마 132g

1

2

3

1 믹서 볼에 우유 200g과 고구마 132g을 넣어주세요.

2 고구마가 모두 으깨질 때까지 믹서기를 돌려주세요.

3 컵에 담아주면 완성입니다.

TIP 고구마는 꼭 충분히 식힌 후에 넣어주세요.

TIP 기호에 따라 얼음을 넣어주거나 전자레인지에 데워 따뜻하게 마셔도 좋아요.

Blueberry banana shake

#35

블루베리바나나셰이크

블루베리는 냉동실에 넣어놓으면 보관하기도 좋고,
얼음 없이도 셰이크를 쉽게 만들 수 있어요.
그리고 블루베리를 그냥 우유에 넣고 갈아도 좋지만,
바나나와의 조합이 정말 맛있어요.

재료

바나나 1개(88g), 냉동 블루베리 100g, 데코용 허브

1

2

3

4

1 바나나 한 개(88g)와 냉동 블루베리 100g을 믹서 볼에 넣어주세요.

2 블루베리가 충분히 갈릴 때까지 돌려줍니다.

3 음료를 컵에 따라주세요.

4 마지막으로 데코용 허브를 올려주면 완성입니다.

TIP

기호에 따라 양을 조절해주세요.
냉동블루베리가 아니라면 얼음을
적당량 넣어주세요.

Chapter 5

#

눈과 입이 즐거워지는 디저트

저의 레시피는 설탕을 최소화하여 무작정 달기만 한 디저트보다는
각 재료 본연의 맛이 살아있고, 쉽게 질리지 않는 디저트를 만들기 위해 개발하였습니다.

오븐에 따라 굽는 온도가 ±10도 정도 차이가 난다는 점 참고해주세요!

모든 레시피의 오븐 온도는 13L 대우 미니오븐(DWO-G13SB) 기준입니다.

Oreo brownie

#36

오레오 브라우니

홈베이킹 입문자에게는

브라우니가 가장 좋은 메뉴라고 생각합니다.

간단하지만 맛에도 호불호가 잘 갈리지 않아요.

꾸덕한 브라우니 위에 오레오까지 올려서 구워주면

보기에도 예쁘고 식감도 풍부해져요.

- 계란과 우유는 미리 냉장고에서 꺼내 실온에 두어 준비해주세요.
  재료들 간의 온도 차이가 생기면 잘 섞이지 않고 분리되기 때문입니다.
- 오븐은 미리 180도에서 10분간 예열해주세요.
- 틀에 맞게 미리 유산지를 재단해주세요.

재료 정사각팬 1호 기준

오레오 2봉지, 무염 버터 72g, 다크커버춰 초콜릿 72g, 계란 2개(90~95g), 설탕 72g(기호에 따라 조절), 박력분 50g, 코코아파우더 8g, 우유 20g

1

2

3

1 무염 버터 72g과 다크커버춰 초콜릿 72g을 볼에 담아주세요.

2 버터와 초콜릿이 충분히 녹을 때까지 뜨거운 물에 중탕해주세요.

3 계란 2개에 설탕 72g을 넣고 설탕이 녹을 때까지 잘 저어주세요.

4

4 2에서 녹인 초콜릿과 버터를 계란이 익지 않도록 조금씩 넣어가며 저어주세요.

5

5 박력분과 코코아파우더를 체 쳐서 넣고 잘 섞어주세요.

6

6 마지막으로 우유 20g을 넣고 잘 젓고 틀에 부어줍니다.

TIP 틀에 벽면에 반죽을 살짝 묻혀주면 유산지가 고정됩니다.

7

8

9

7 반죽 위에 오레오 2봉지를 잘게 부셔 올려주세요.

8 예열된 오븐을 170도로 맞추고 20~25분간 구워주면 완성입니다.

9 따뜻한 브라우니 위에 바닐라 아이스크림을 올린 다음 코코아파우더를 뿌려주면 더 맛있게 먹을 수 있어요.

Tiramisu

#37

티라미수

티라미수는 오븐이 필요 없고,
재료만 있다면 누구나 쉽게 만들 수 있는 디저트에요.
크림이 많이 들어가는 디저트라서
아메리카노와 함께 먹는 것을 추천합니다.

- 에스프레소+설탕은 꼭 미리 만들어서 식혀주세요.
- 뜨거울 때 만들면 핑거쿠키나 크림이 다 녹아내리므로 주의해주세요.

재료

레이디핑거 쿠키, 에스프레소 2샷, 설탕 6g, 마스카포네치즈 170g,
달걀노른자 1개, 설탕 45g, 생크림 75mL

1

2

1 에스프레소 2샷에 설탕 6g을 녹여주고 냉장고에 넣어 식혀주세요.

TIP 시중에 파는 레이디핑거 자체에 설탕이 많이 묻어있어서 설탕을 너무 많이 넣게 되면 심하게 달아집니다. 달달하게 드시고 싶으신 분들을 설탕 4~5g을 더 넣어주세요.

2 마스카포네치즈 170g을 주걱으로 잘 풀어주세요.

3 설탕 45g, 계란노른자를 차례대로 넣어가며 섞어주세요.

3

4 생크림 75mL를 넣고 핸드믹서로 휘핑해 주세요.

TIP

크림이 너무 뻑뻑해지면 맛이 떨어지므로 어느 정도 되직해지면 작동을 멈춰주세요.

5 핑거쿠키를 커피 물에 담갔다 빼서 플레이트에 하나씩 올려주세요.

TIP

너무 오래 담그면 핑거쿠키가 부서질 수 있습니다.

6 핑거쿠키 위에 크림을 취향껏 짜주세요.

7 위에 다시 핑거쿠키를 층대로 쌓고, 크림을 짜주세요.

8 마지막으로 코코아파우더를 위에 듬뿍 뿌려 주면 완성입니다.

Basque cheesecake

#38

바스크치즈케이크

누구나 한 번쯤 사진을 보셨을 만큼
요즘 SNS에서 정말 반응이 뜨거운 디저트입니다.
스페인 바스크 지방의 정통 케이크인데
겉면이 타 있어서 처음 봤을 때는 당황스러울 수도 있지만,
구수한 스모키 향 속에 크리미한 치즈 맛이 나는 이색적인 치즈케이크에요.
재료도 정말 간단하고 만드는 과정도 쉬워서 추천해 드리고 싶어요.

- 크림치즈, 생크림, 계란은 미리 실온에 꺼내주세요.
- 오븐은 미리 230도에서 10분간 예열해주세요.

재료 미니 원형 틀 기준(1호의 경우, 1.5배 양으로 만들어주세요)

크림치즈 160g, 생크림 70g, 계란 1개(50~55g), 설탕 43g(기호에 따라 조절), 박력분 7g, 데코용 과일

1

2

3

1 실온에 꺼내놓은 크림치즈를 주걱으로 잘 풀어주세요.

2 설탕 43g을 넣고 설탕이 녹을 때까지 잘 저어주세요.

3 계란 2개를 풀어서 넣고 섞어주세요.

4

5

4 생크림을 70g을 넣고 저어주세요.

5 박력분 7g을 체 쳐서 넣고 섞어주세요.

TIP

주걱에 묻어 있는 부분까지 모두 긁어서 잘 저어줍니다.

6

7

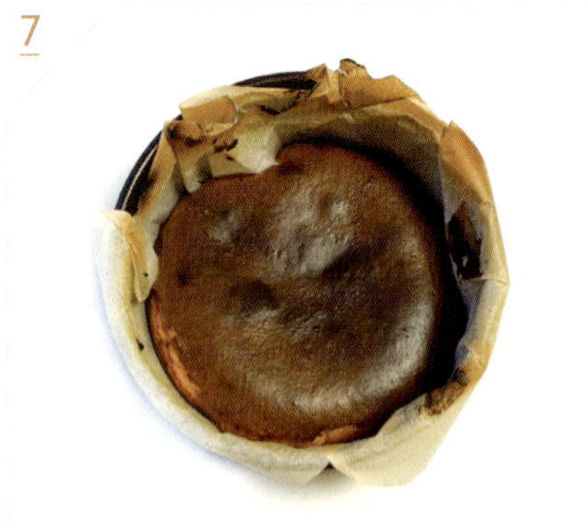

8

9

6 반죽을 틀에 넣어주세요.

TIP

바스크치즈케이크는 틀에 유산지를 딱 맞게 재단하는 것보다는 러프하게 살짝 구겨서 넣어주는 게 포인트입니다.

7 예열된 오븐에 넣고 230도에서 13분, 170도에서 5분간 구워줍니다.

8 구워진 치즈케이크를 잘 식혀주고 완전히 식으면 냉장고에 넣고 최소 7시간 동안 숙성해주세요.

9 숙성된 치즈케이크는 그냥 먹어도 맛있지만 휘핑크림과 데코 과일을 올려주면 더 맛있게 먹을 수 있어요.

Brookie

#39

브루키

브루키는 촉촉한 브라우니와 바삭한 쿠키를
합쳐서 만든 디저트로 달콤해서 정말 맛있습니다.
비주얼도 예뻐서 선물하기에도 좋아요.

- 버터와 계란은 미리 실온에 꺼내주세요.
- 오븐은 미리 200도에서 10분간 예열해주세요.

재료 26x18cm 머핀 틀 6구 기준

브라우니 반죽

다크커버춰 초콜릿 90g, 무염 버터 75g, 계란 2개, 박력분 50g, 설탕 75g, 우유 10g, 코코아파우더 10g

쿠키 반죽

무염 버터 70g, 설탕 60g, 계란 1개, 박력분 120g, 베이킹파우더 2g, 적당량의 초코칩과 아몬드(생략 가능)

1

2

3

4

1 볼에 버터를 넣고 주걱으로 잘 풀어주세요.

2 설탕 60g을 넣고 설탕이 녹을 때까지 잘 섞어주세요.

3 계란 1개를 잘 풀어 넣고 저어주세요.

4 박력분과 베이킹파우더를 체 쳐서 넣어주고, 11자를 그리며 날가루가 보이지 않을 때까지만 섞어주세요.

5

6

7

8

5 반죽에 초코칩과 아몬드를 넣어 대충 섞어주세요.

6 랩에 싸서 브라우니 반죽을 만드는 동안 냉장실에 넣고 숙성해줍니다.

7 브라우니 반죽을 만들어주세요.

TIP

[#36 오레오브라우니] 레시피를 참고해주세요.

8 머핀 틀에 유산지를 깔고 브라우니 반죽을 70~80% 정도 넣어주세요.

9

10

11

9 숙성된 쿠키 반죽을 꺼내서 동그랗게 모양을 잡고 모양에 맞게 위에 올려주세요.

10 예열된 오븐에 넣고 190도에서 15분, 180도에서 10분 동안 구워주세요.

11 구워진 브루키는 식힘 망에 올려 식혀주면 완성입니다.

TIP

바로 먹어도 맛있지만 어느 정도 식혀줘야 쿠키가 바삭해져요.

Oreo icebox cake

#40

오레오아이스박스케이크

시중 카페에서 파는 유명 디저트로
오븐 없이도 만들 수 있어요.
푸딩과 비슷한 식감인데,
크림치즈가 들어가서 조금 더 묵직합니다.
아이스 아메리카노와 아주 잘 어울리는 디저트에요.

- 크림치즈는 미리 실온에 꺼내주세요.

재료

오레오 10개, 크림치즈 100g, 생크림 또는 휘핑크림 100g, 설탕 20g

1

2

1 오레오의 크림과 과자를 분리해주세요.

2 실온에 꺼내놓은 크림치즈에 오레오 크림을 전체 양에서 3분의 1 정도만 섞어 휘핑해주세요.

TIP

오레오 크림은 기호에 따라 조절해주세요.
많이 넣을수록 느끼해집니다.

3

4

3 다른 볼에 휘핑크림 100g과 설탕 20g을 넣고 어느 정도 단단해질 만큼 휘핑해주세요.

4 2와 3을 같이 섞어줍니다.

5

6

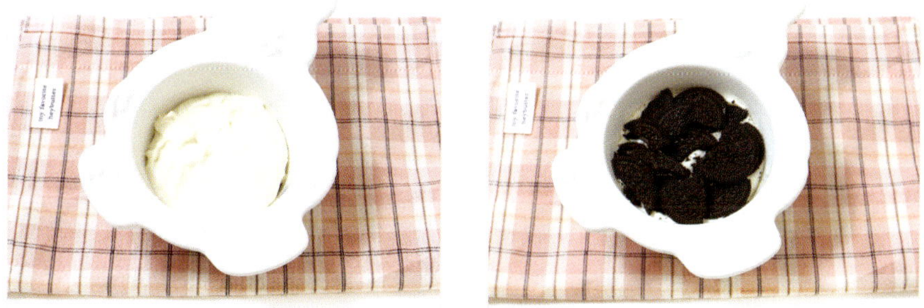

7

5 준비한 그릇에 오레오의 과자 부분을 부셔서 깔아주세요.

6 섞어준 크림을 올려주고 다시 과자를 깔아주는 과정을 반복합니다.

7 잘 밀봉해서 냉장고에 넣고 최소 4시간 동안 숙성해주면 완성입니다.

TIP

숙성시키는 이유는 쿠키 부분이 눅눅해져야 케이크 시트처럼 부드럽게 먹을 수 있기 때문입니다.

Lotus brownie cheesecake

#41

로투스브라우니치즈케이크

브라우니와 치즈케이크의 꾸덕한 식감과 로투스 과자의 바삭함이 조화를 이루어 맛있으면서도 달콤한 디저트입니다. 로투스 모양 그대로 잘라주면 먹기도 편하고 선물하기도 좋아요.

- 브라우니가 너무 많이 들어가면 치즈케이크 맛이 브라우니에 묻힐 수 있습니다.
- 크림치즈, 생크림, 우유, 계란은 미리 실온에 꺼내주세요.
- 오븐은 미리 180도에서 10분간 예열해주세요.
- 틀에 맞게 미리 유산지를 재단해주세요.

재료 정사각팬 1호 기준

브라우니 반죽

다크커버춰 초콜릿 37g, 무염 버터 30g, 계란 40g, 설탕 31g, 우유 7g, 코코아파우더 3g, 박력분 10g

치즈케이크 반죽

크림치즈 130g, 설탕 30g, 생크림 또는 휘핑크림 42g, 계란 33g

1

2

3

1 브라우니 반죽을 만들어주세요.

TIP

[#36 오레오브라우니] 레시피를 참고해주세요.

2 틀에 반죽을 붓고 예열된 오븐에 넣어 170도에서 10~15분간 구워주세요.

TIP

브라우니가 구워지는 동안 치즈케이크 반죽을 만들어줍니다([#38 바스크치즈케이크] 레시피를 참고).

3 브라우니가 익으면 꺼내서 충분히 식힌 후 그 위에 치즈케이크 반죽을 위에 부어주세요.

TIP

오븐은 180도로 10분간 예열해줍니다.

4

5

6

4 치즈케이크 반죽 위에 로투스를 알맞은 간격으로 올려주세요. 예열된 오븐에 넣어 170도에서 40~45분간 구워주세요.

5 다 구워지면 식힘 망에서 충분히 식혀준 후에 밀봉하여 냉장고에 넣어 숙성해줍니다.

6 충분히 숙성되면 알맞은 간격으로 잘라주세요.

TIP

치즈케이크는 다음날 먹는 것이 가장 맛있습니다.

Brown cheese pound cake

#42

황치즈파운드케이크

황치즈 특유의 치즈 풍미가 가득 느껴지는

묵직한 파운드케이크에요.

한 조각 잘라서 라떼와 함께 먹어주면 여느 카페 부럽지 않아요.

- 버터, 계란, 우유는 미리 실온에 꺼내주세요.
- 오븐은 미리 200도에서 10분간 예열해주세요.
- 가루류들은 미리 계량해주세요.

재료 파운드 틀(22*9.5*6.5 기준)

무염 버터 100g, 설탕 70g, 황치즈가루 27g, 베이킹파우더 2g, 박력분 70g,
아몬드가루 20g(없으면 박력분 20g으로 대체 가능), 우유 27g, 계란 2개(약 100g)

1

2

3

1 실온에 꺼내놓은 버터를 휘핑기로 잘 풀어주세요.

2 설탕 70g을 두 번에 나누어 넣어가며 휘핑해주세요.

3 계란 2개를 잘 풀어 두 번에 나누어 넣어가며 휘핑해주세요.

4

5

4 계량해놓은 황치즈가루, 베이킹파우더, 박력분, 아몬드가루를 체에 쳐서 넣어줍니다.

5 11자를 그리며 날가루가 보이지 않을 때까지만 섞어주세요.

6

7

8

9

6 우유 27g을 넣고 잘 섞어주세요.

7 반죽을 틀에 붓고 양옆으로 올려주세요.

8 예열된 오븐에 넣고 180도에서 15분, 170도에서 10분 구워주면 완성입니다.

TIP

파운드케이크를 찔러봤을 때 반죽이 묻어 나오지 않으면 익은 거예요.

9 잘 식혀준 뒤 바로 먹어도 맛있고, 밀봉한 뒤 냉장고에 하루 숙성해서 먹으면 더 맛있답니다.

Banana pudding

#43

바나나푸딩

어느 유명한 카페에 가서 바나나푸딩을 먹어보고 그 맛에 반해
집에서 그 맛을 내기 위해 혼자 정말 많이 시도해봤어요.
그 결과 적당히 달면서 부드러운 바나나푸딩 레시피가 완성되었습니다.
바나나푸딩은 묵직한 단맛으로 아메리카노나 라떼와 아주 잘 어울려요.

- 우유 140g은 미리 팬에 넣어 약-중불로 보글보글 끓어오를 때까지 데워줍니다.
- 노른자는 미리 실온에 꺼내주세요.

재료

노른자 2개, 설탕 25g, 박력분 9g, 우유 140g, 계란과자 50g, 바나나 2개, 바닐라익스트랙, 생크림 또는 휘핑크림 160g, 설탕 17g

1

2

3

1 계란 노른자 2개에 설탕 25g을 넣고 잘 섞어주세요.

2 그 위에 박력분 9g을 체 쳐서 넣어주고 잘 저어주세요.

3 끓인 우유를 노른자가 익지 않도록 천천히 부어가면서 저어주세요.

4

4 다시 밀크 팬에 넣어 약불에 끓여줍니다.

TIP

커스터드처럼 묵직해지도록 계속 저어 가면서 끓여주세요.

5

6

7

8

5 완성된 커스터드는 체에 걸러주세요.

6 바닐라익스트랙을 4~5방울 넣어주고 냉장고에 넣어 식혀줍니다.

7 차가운 휘핑크림 160g에 설탕 17g을 넣어 어느 정도 묵직하게 휘핑해주세요.

8 식힌 커스터드에 크림을 넣고 잘 섞어주세요.

9

10

11

9 그 위에 계란과자와 바나나를 적당량 넣고 대충 섞어주세요.

10 그릇에 담아 밀봉한 다음 냉장고에 넣어 최소 3시간 숙성해주면 완성입니다.

TIP

과자가 눅눅해질 때까지 숙성해주세요.

11 라떼나 아메리카노와 함께 즐겨주세요.

Chapter 6

# #

선물하기 좋은 구움과자

Lemon weekend

#44

레몬위크엔드

레몬위크엔드는 레몬 제스트가 씹히는 상큼한 레몬 디저트로 모양도 레몬처럼 만드는 게 포인트에요. 꼭 레몬 모양 틀이 아니라 파운드 틀에 넣어 구워도 좋아요.

- 우유, 계란은 미리 실온에 꺼내주세요.
- 버터는 미리 전자레인지에 30초씩 2번 돌려 녹여서 준비해주세요.
- 오븐은 미리 180도에서 10분간 예열해주세요.

재료 레몬 케이크 틀 5~6개 분량

계란 2개, 꿀 9g, 설탕 65g, 우유 12g, 무염 버터 80g

레몬제스트 박력분 90g, 레몬즙 15g

아이싱 레몬즙 25g, 슈가파우더 150g

1 레몬 한 개를 베이킹소다로 소독하고 껍질을 갈아서 레몬제스트를 만들어줍니다.

TIP 레몬제스트는 기호에 따라 양을 정해주세요. 레몬즙이 많이 들어갈수록 레몬 향이 많이 나고 식감이 생겨요. 저는 한 개를 다 갈았습니다.

2 볼에 우유와 레몬제스트 레몬즙을 넣어주세요.

3 다른 볼에 계란 2개를 넣고 잘 풀어주세요.

4 설탕을 2번에 나눠 넣고 꿀을 넣어 섞어주세요.

5 뜨거운 물에 중탕하면서 계란이 익지 않도록 휘핑기로 거품 색이 흰색에 가깝게 연해질 때까지 휘핑해 주세요.

6 그 위에 박력분을 체 쳐서 넣어주세요.

7 11자를 그리며 날가루가 보이지 않을 때까지만 섞어줍니다.

8 녹인 버터를 3번에 나눠 넣어가며 섞어주고, 2번을 부어 저어주세요.

TIP 거품이 꺼지지 않도록 살살 저어주세요.

9

10

9 반죽을 짤주머니에 담아 틀에 붓고 예열된 오븐에 넣어 170도에서 10~15분 구워줍니다.

10 반죽이 구워지는 동안, 아이싱을 하기 위해 레몬즙 25g에 슈가파우더 150g을 넣어 잘 저어주고 짤주머니에 담아주세요.

TIP 슈가파우더가 적게 들어가면 아이싱이 다 흘러내리니 주의해주세요.

11

12

11 구워진 디저트는 식힘 망에서 식혀준 다음, 그 위에 아이싱을 해주면 완성입니다.

12 아이싱 위에 레몬제스트나 말린 레몬, 허브 등을 올려 데코해주세요.

Sweet pumpkin

cream cheese madeleine

#45

단호박크림치즈마들렌

제가 정말 좋아하는 단호박과

크림치즈의 조합을 이용해서 만든 디저트에요.

단호박 손질이 조금 어렵지만, 그래도 정말 맛있어서

먹고 나면 또다시 만들고 싶어진답니다.

너무 달지 않고 고급스러운 맛이라서 어른분들께 선물하기 좋아요!

- 단호박은 미리 삶아서 깍둑썰기해주세요(삶기가 어렵다면 전자레인지에 30초씩 끊어가면서 4~5번 돌려주면 익어요. 오븐에 또 들어갈 거라서 너무 푹 익히지 말고 살짝 설익은 정도가 좋아요).
- 계란은 미리 실온에 꺼내주세요.
- 오븐은 미리 190도에서 10분간 예열해주세요.

재료 15개 분량

계란 2개, 베이킹파우더 3g, 설탕 90g, 꿀 2 티스푼, 아몬드가루 30g(없으면 박력분 30g으로 대체 가능), 박력분 110g, 무염 버터 100g, 단호박 적당량, 크림치즈 적당량

1

1 계란 2개를 볼에 넣고 잘 풀어주세요.

2

3

2 설탕 90g을 두 번에 나눠 넣고 저어준 후 꿀을 티스푼으로 2번 넣어주세요.

3 박력분, 아몬드가루, 베이킹파우더를 체에 쳐서 넣어주세요.

4

5

6

7

4 11자를 그리며 날가루가 보이지 않을 때까지만 섞어주세요.

5 버터를 40~50도가 되도록 중탕하여 녹여주세요.

6 녹인 버터를 넣고 가볍게 저어준 뒤 짤주머니에 넣고 냉장고에서 30분간 숙성해주세요.

7 마들렌 틀에 버터를 골고루 발라주고 반죽이 숙성될 동안 냉동실에 넣어두세요.

TIP 버터 칠을 해줘야 나중에 익은 후에 잘 떨어져요.

8

9

8 단호박은 적당한 크기로 깍둘썰기해주세요.

9 틀에 반죽을 팬닝해주고 깍둑썰기한 단호박과 크림치즈를 취향껏 올려줍니다.

TIP 크림치즈는 너무 많이 넣으면 느끼해질 수 있어요.

10

11

10 예열된 오븐에 넣고 180도에서 15분 구워줍니다.

11 구워진 마들렌은 식힘 망에서 어느 정도 식혀준 뒤 먹어주세요.

HEA DING
DURSTO
ADIPISING
HEADLINE RISPOIT

Peanut butter cookie

#46

피넛버터쿠키

집에 남는 피넛버터 잼이 있다면 꼭 만들어보세요!

간식으로 먹기도 좋고,

선물하기도 좋은 달달 고소한 쿠키입니다.

- 버터, 땅콩버터, 계란은 미리 실온에 꺼내주세요.
- 오븐은 미리 200도에서 10분간 예열해주세요.

재료

땅콩버터 90g, 무염 버터 60g, 흑설탕 95g, 계란 1개, 박력분 150g, 아몬드가루 40g, 베이킹파우더 2g

1

2

3

1 실온에 두어 말랑해진 버터와 땅콩버터를 잘 섞어주세요.

2 흑설탕 95g을 넣고 잘 섞어주세요.

3 계란 1개를 풀어서 두 번에 나누어 부어가며 섞어주세요.

4

5

4 박력분 150g + 아몬드가루 40g + 베이킹파우더 2g을 체 쳐서 넣고, 잘 섞어주세요.

5 반죽을 동그란 모양으로 만들어 쿠키팬 위에 올려줍니다.

6

7

6 그 위에 피칸을 하나씩 올려주세요.

TIP

없으면 생략, 아몬드나 다른 견과류로 대체 가능해요.

7 예열된 오븐에 넣어 190도에서 15분 구워주세요. 다 구워지면 식힘 망에 올려 충분히 식혀주면 완성입니다.

Brown cheese cookie

#47

황치즈쿠키

치즈 모양의 단짠단짠 맛있는 쿠키에요.
쉽게 질리지 않는 맛이고 모양이 예뻐서
선물하기도 좋습니다.

- 버터, 계란은 미리 실온에 꺼내주세요.
- 오븐은 미리 170도에서 10분간 예열해주세요.

재료

무염 버터 50g, 노른자 1개, 슈가파우더 40g, 소금 한 자밤(생략 가능),
바닐라익스트랙 2g, 황치즈가루 27g, 박력분 78g, 아몬드가루 21g

1

2

1 버터를 볼에 넣고 주걱으로 잘 풀어주세요.

2 슈가파우더 40g과 소금 한 자밤을 넣고 가루가 보이지 않도록 잘 섞어주세요.

TIP 소금 한 자밤은 개인차가 있을 수 있지만, 소금이 많이 들어가면 짠맛만 나므로 정말 소량만 넣어주세요.

3

4

3 노른자 1개를 풀어 넣고 바닐라익스트랙 2g을 넣어 섞어주세요.

4 황치즈가루, 박력분, 아몬드가루를 체에 쳐서 넣어주세요.

5

5 반죽을 밀대로 밀어주고 밀봉하여 냉장고에 넣어 최소 1시간 숙성해주세요.

6

6 숙성된 반죽은 칼이나 스크래퍼로 삼각형 모양이 되도록 잘라줍니다.

TIP 먼저 직사각형 모양으로 잘라주고 반을 잘라주면 됩니다.

7

8

7 쿠키 반죽을 테플론시트에 올려주고, 빨대나 깍지 등으로 동그란 모양을 내주면서 치즈 모양을 만들어주세요.

8 예열된 오븐에 넣어 160도에서 10~12분간 구워주세요. 구워진 쿠키는 식힘 망에서 식혀주면 완성입니다.

Meringue cookie

#48

머랭쿠키

바나나푸딩이나 황치즈쿠키처럼
노른자를 사용하고 남는 흰자로 만들기 좋은 디저트에요.
그냥 먹어도 달달해서 맛있지만,
크래커에 넣어 구워주면 단짠단짠 간식으로 먹기 좋아요.

- 오븐은 미리 170도에서 10분간 예열해주세요.

재료

흰자 71g, 설탕 76g, 바닐라익스트랙, 크래커

1

2

1 흰자 71g에 바닐라익스트랙 4~5방울을 넣어 주세요.

2 설탕 76g을 세 번에 나눠 넣어주면서 휘핑하고 짤주머니에 담아주세요.

TIP 아주 단단해질 정도로 세게 휘핑해주세요. 세 번에 나눠 넣는 이유는 설탕이 충분히 녹게 하기 위함입니다.

3

4

5

3 팬에 테플론시트를 깔고 크래커를 올려주세요.

4 그 위에 머랭을 짜주고 크래커로 덮어주세요.

5 예열된 오븐에 넣어 90도에서 60~70분간 구워주면 완성입니다.

Cream cheese madeleine

#49

크림치즈마들렌

단호박크림치즈마들렌은 반죽 위에 크림치즈를 올려 구워줬지만
이 디저트는 반죽에 크림치즈를 넣어 만들어요.
부드럽고 촉촉해서 정말 맛있습니다.

- 크림치즈, 계란은 미리 실온에 꺼내주세요.
- 오븐은 미리 200도에서 10분간 예열해주세요.

재료

크림치즈 100g, 무염 버터 70g, 계란 2개, 설탕 75g, 베이킹파우더 5g, 박력분 70g, 소금 1g(가염버터 사용 시 생략), 아몬드가루 30g(없으면 박력분 30g으로 대체 가능), 바닐라익스트랙

1

2

1 볼에 크림치즈를 넣고 잘 풀어주세요.

2 설탕을 넣고 설탕이 잘 녹을 때까지 저어주세요.

3 계란을 잘 풀어 넣어주고, 바닐라익스트랙을 4~5방울 넣고 섞어주세요.

4 박력분, 베이킹파우더, 아몬드가루, 소금을 체에 쳐서 넣어주세요.

3

4

5

6

7

5 11자를 그리며 날가루가 보이지 않을 때까지만 섞어주세요.

6 버터를 40~50도가 되도록 중탕하여 녹여주세요.

7 녹인 버터를 넣고 가볍게 저어준 뒤 짤주머니에 넣고 냉장고에서 30분간 숙성해주세요.

8

9

10

8 마들렌 틀에 버터를 골고루 발라주고 반죽이 숙성될 동안 냉동실에 보관해주세요.

TIP 버터 칠을 해줘야 나중에 익은 후에 잘 떨어집니다.

9 틀에 반죽을 팬닝해주고 예열된 오븐에 넣어 180도에서 15분간 구워주세요.

10 구워진 마들렌은 식힘 망에서 어느 정도 식혀준 뒤 먹어주세요.

TIP **마들렌 배꼽을 올라오게 만드는 방법**

1. 버터 온도를 40도 이상으로 잘 맞춰주세요.
2. 오븐 예열 온도가 약하면 배꼽이 올라오지 않아요.
3. 냉장고에서 30분 숙성을 시켜줘야 배꼽이 더 잘 올라와요.
4. 위 세 가지를 지켜도 배꼽이 잘 안 올라오면 베이킹파우더를 조금 더 넣어주세요.

My Home cafe!

특별부록

다음 그림 엽서들을 오려서 나만의 홈카페에 예쁘게 꾸며보세요!

SAY
CHEESE!
@cafe_s_ah_s2

HAPPY BIRTHDAY!
@cafe_s_ah_s2

Coffee time
@cafe_s_ah_s2

DO WHAT YOU LOVE
LOVE WHAT YOU DO